O, flexamina atque omnium regina rerum, oratio

REINA SIN CORONA
Drama en tres actos

REINA SIN CORONA
Drama en tres actos

José María González Cabezas

Editorial LEDORIA
J   M   R

I.S.B.N.: 978-84-18887-81-8
Depósito Legal: TO-326-2025
© Del texto de la Introducción: Jesús Muñoz Romero
© Del texto del drama: José María González Cabezas
© De la edición: Editorial LEDORIA-Jesús Muñoz Romero
* Calle Fuente del Moro, núm. 6
Toledo
Teléfono: 636 56 03 70
Correo electrónico de contacto: info@editorial-ledoria.com
www.editorial-ledoria.com

Portada: *Equipo Editorial Ledoria*

A mis grandes amigas y musas
Mari Carmen y Maribel

PRÓLOGO

Y los muchachos del barrio le llamaban "loca,"
Y unos hombres vestidos de blanco le dijeron: "Ven"
Y ella gritó: "No, señor, ya lo ven, yo no estoy loca.
Estuve loca ayer, pero fue por amor".
J.L.P.

Vivimos en un enorme trampantojo. Nunca el ser humano ha sido libre, pero nunca como ahora ha creído serlo, y, sin embargo, está tan sojuzgado como siempre. Un siervo de la gleba sabía que estaba ligado a un feudo y lo estaría toda su vida, con lo que no se llevaba a engaño, pero en nuestra sociedad actual de apariencias, nos creemos libres y estamos presos.

Hace poco, un murciano que pasaba por el puente de Alcántara se lamentaba del enorme caudal de agua que llevaba el Tajo y se perdería en el mar, en vez de ser trasvasado a las huertas de su tierra para generar riqueza. Yo me entrometí en sus meditaciones y le dije que el agua que veía, en realidad, no era sino el de las cloacas de Madrid que llevaba el Jarama, porque el agua original que había surgido en la Sierra de Albarracín ya había sido trasvasado antes. Y le dije también que mirara bien cómo los pájaros caminaban a su sabor por el lecho del río, ancho, sí, pero sin apenas agua. Un trampantojo, concluí. Un trampantojo, repitió y siguió cavilando.

La Historia, a menudo, es también un enorme trampantojo. La figura que nos ha concertado aquí es la de la reina Juana de Castilla (me niego a llamarla como la llaman) y la imagen

11

que se nos ha transmitido de ella está tan distorsionada, a mi parecer, que el personaje no nos deja vislumbrar a la persona.

Distorsionada por dos giros fundamentales, el primero, guisado en su época por intereses espurios para apartarla del poder que en justicia le correspondía, con matices que trato más abajo; y el segundo, tamizado por la exacerbación que de su figura se ejecutó en el Romanticismo, exaltando algunos rasgos para crear un personaje de la persona, como sucedió también con María Pacheco, por ejemplo.

Con estos dos condicionantes, la razón de estado y la creación de un personaje literario, la persona Juana de Trastámara se ha difuminado. Desde luego, éste no es el lugar para aclarar el asunto de su demencia pero sí para introducir algunos datos incontrovertibles, y que luego cada cual juzgue lo que quiera, como yo también he juzgado.

Empiezo por el final.

Sin ánimo de ser exhaustivo, he considerado algunos aspectos de su vida que me llevan a pensar que los términos de ésta fueron una cuestión de libertad, orgullo y dignidad. De ansia de la libertad que no tenía porque no podía tenerla, de orgullo porque era mujer y reina, reina y mujer, y no se doblegó a los que quería doblegarla; y de dignidad, quizás porque no la tuvo consigo misma, porque sabía que no podía ser lo que quería: una mujer común por encima de todo, esposa y madre. Muy a su pesar, fue y vino, y se dejó humillar por su madre, por su padre, por su esposo y por su hijo. A todos quiso, a todos se opuso, de todos trató de vengarse para no dejarse humillar y en todo fracasó. En fin, una personalidad compleja y muy sombría.

No dejemos de notar algo obvio en este juicio, que Juana de Castilla fue un ser humano, y como todos se dolía si enfermaba, sentía pasiones e imaginaba ideales. Un alma no está destinada a nada de antemano, pero al materializarse y nacer, por condición social, por carácter, por genética, por ambición o por cualquier otro condicionante, ocupa un lugar en el gran teatro del mundo, y éste no es, no suele ser, trascendente para nadie salvo para él mismo. No obstante, hay quien nace con un signo en la frente tan marcado que no puede desviarse de él porque su función trasciende a muchos, tal Juana de Castilla, nacida para ser esposa de rey y por destino reina.

Juana de Trastámara era la tercera hija de los Reyes Católicos y, en consecuencia, fue educada para no disponer a su arbitrio de sus afectos y sí para servir a intereses superiores. Habría de haber reinado en Castilla su hermano Juan, sobre quien se depositaron unos ideales mesiánicos que no viene al caso explicar ahora, pero murió el pobre con diecinueve años, dicen las crónicas que por exceso de amor a la princesa Margarita de Austria. Sí estaba, sin embargo, destinada a casarse con un príncipe extranjero para favorecer la política de alianzas y de expansionismo de Fernando e Isabel, estos sí, verdaderos "animales políticos", permítaseme la expresión.

Esas eran las reglas sobre las que vino al mundo y que no podía subvertir. Aceptarlas del mejor grado posible eran la clave para que su vida y las de sus otras tres hermanas (Isabel, María y Catalina), pasara agradablemente. Pero doña Juana no las aceptó y, además, el azar la situó inopinadamente en el centro del escenario, lo que, unido a una personalidad rebelde y seguramente enferma, como su abuela Isabel de Portugal, melancólica, depresiva y psicótica, que murió aislada en Arévalo, le produjo devastación y desesperación

Estos condicionantes la convirtieron en fuente literaria del Romanticismo y en figura primordial en la enseñanza de la Historia en España, lo que unido al hecho de ser toledana, la convierten para mí en una figura especialmente atractiva.

En efecto, doña Juana nació en Toledo (el 6 de noviembre de 1579) y fue bautizada en la iglesia del Salvador. Cuando tenía doce años le anunciaron que se casaría con el archiduque Felipe, el hijo del emperador Maximiliano, que tenía catorce.

Pensemos un instante en el hecho. ¿Qué pensaría cuando se lo dijeron? ¿Qué pensaría cuando le entregaron su retrato pintado? Tanto daba. Lo cierto era que su madre, la gran Isabel, tampoco conocía a su padre, el gran Fernando, antes de emparentar. Él había pasado audazmente de incógnito desde Aragón a Burgos junto a un hombre de confianza de ella, Gutierre de Cárdenas, y se cuenta que desde un ángulo de la puerta del aposento donde la aguardaba, señalándolo, dijo a su señora: "Ese es, ese es».

De Felipe, a Juana le dirían probablemente que los hombres flamencos eran altos y rubios y las mujeres regordetas. ¿Qué más? Apenas nada, seguro, y, desde luego, ninguna certeza.

Sea como fuere, el 22 de agosto de 1496, Juana niña se vio el centro del escenario en el puerto de Laredo como protagonista de la enorme flota que la escoltaba. Hasta entonces no había mostrado interés en los asuntos de estado, pero era sólo una adolescente y a nadie pareció extrañarle por entonces su despreocupación.

Llegó a una tierra donde los días eran oscuros y fríos, y su cortejo la escoltó a Amberes, que engalanó sus calles para festejarla, y de ahí a Lier, donde se celebraría la boda. Felipe ni siquiera acudió a recibirla porque se hallaba en Innsbruck con su padre el emperador y no llegó hasta octubre.

Entonces, como por ensalmo, cayó rendida a él y parece que él a ella. Juana sería virgen y Felipe alto, muy apuesto y ya bregado en las lides del amor. Es sabido que la pasión surgió entre ellos como surgiría pronto también entre su hermano Juan y la hermana de Felipe, Margarita, cuya partida estaba fijada hacia Castilla a comienzos del año entrante.

A Juana la educaron para servir a los intereses de España como consorte de un príncipe y a Felipe para ocuparse propiamente de los asuntos de estado. Esta diferencia es fundamental y, sobre todo, el hecho de que estos asuntos le seducían a él y a ella no. Para atenderlos, él había de ausentarse frecuentemente y consolarse con otras damas. Juana, sin embargo, permanecía en palacio aguardando.

Entonces, el revirado rumbo de las vidas ajenas trajinaba y ponía efecto en la vida de Juana inevitablemente. Así, el 4 de octubre de 1497, murió don Juan en Salamanca y trastocó el orden dinástico. Por otro lado, la segundogénita de los reyes, Isabel, reina de Portugal, estaba encinta, y se propuso que el nasciturus reinara sobre ambos países, pero ella murió en el parto y el niño, aunque sobrevivió, murió pronto. Así, Juana se convirtió en la sucesora directa al trono de Castilla. Nuevamente el azar y la casualidad la situaron en el centro de un escenario en el que no quería actuar porque se le hacía inmenso.

Por entonces ya, los servidores que la acompañaron en su estancia informaban a los Reyes de que Juana era totalmente sumisa a su esposo y eso, los poderosos Reyes Católicos no lo podía tolerar. Ni siquiera cuando Felipe se aproximó a una alianza con los franceses, íntimos enemigos de los Reyes, Juana pareció alarmarse. De hecho, uno de estos informadores escribió que "sus pensamientos se dirigen únicamente a Monseñor el archiduque, a quien ama con insensato amor", y añado yo a su hija Leonor*. Y concluye: "Jamás he visto semejante extravío.

Ante las ausencias y desplantes de Felipe, el hecho de ser la heredera de Castilla (y América) lo vería más como ser indispensable para las ambiciones de su marido, no por el interés propio en el gobierno.

La venida a España de ambos se realizó por tierra a través de Francia, donde fueron agasajados por Luis XII, con quien Felipe pretendía una alianza contra Fernando. Entraron a la península por Vizcaya, donde los aguardaba el inefable Gutierre de Cárdenas y de ahí se dirigieron a Toledo pasando por Burgos, León y Valladolid en medio de grandes agasajos.

En Toledo, el 22 de mayo, fueron entronizados como príncipe de Castilla por las Cortes en la catedral.

Los Reyes, en esta estancia, inculcarían a Juana a marchas forzadas que los intereses del país estaban por encima de los personales, también de los de su marido, y advirtieron, sin du-

---

* En 1498 nació Leonor, en 1500 Carlos en Isabel en 1501. Posteriormente nacerían Fernando en 1503, en Alcalá de Henares, María en 1505 y Catalina, en Torquemada, actual provincia de Palencia.

da, que siempre que se trataba de Felipe delante de ella, su rostro se ensombrecía. Le dirían que las gentes la demandaban como heredera y que sólo aceptaban a Felipe porque era su marido, y que sus hijos aseguraban la línea sucesoria.

Pero los hijos habían quedado muy lejos, en Flandes, y es humano pensar que sentiría nostalgia por ellos. Desde luego, por las labores de estado mostraba una indiferente pereza y una liviandad por los asuntos religiosos que atormentaba a su madre, la Reina Católica.

En esta estancia en España se produjo otro hecho fundamental, que Felipe fue avisado de que sus poderes se verían limitados a la supervivencia de su esposa, esto es, sin ella no era ni sería nada. Esto era una salvaguarda para los Reyes y un buen negocio para Juana, que lo sojuzgaba de algún modo, pero no para él, que quedaba reducido a deuteroagonista en la obra.

Decepcionado, tal vez, partió a Flandes a reconsiderar su situación y a estudiar el modo de revertirla, pero Juana no pudo acompañarlo porque está embarazada de su cuarto hijo, Fernando.

La manera de enlodar el escenario para Felipe era aliarse con Francia, tradicional enemigo de España y entonces en guerra por Nápoles. Para ello añascó una boda entre Claudia, hija del rey Luis, y su hijo Carlos para que ella recibiera sus derechos sobre Nápoles y él las posesiones en el sur de Italia y reinaran juntos.

Con esta ausencia forzada Juana se consumía, lloraba con desesperación porque quería regresar a Flandes y su comportamiento fue a la deriva, de manera que los Reyes decidieron aislarla en el castillo de la Mota, en Medina del Campo.

En pleno invierno quiso lanzarse a los caminos para regresar adonde estaba Felipe, dejó de comer, dejó de asearse, una huelga, vaya, en toda regla, y la Reina tuvo que prometerla que podría marcharse en primavera por mar.

Cuando arrivó de nuevo, han pasado más de dos años y Felipe ha cambiado en todos los aspectos: la desprecia, la maltrata y se ausenta a menudo de palacio.

En Castilla, en Medina, mientras tanto, Isabel hace testamento en 1504. Dejaba el gobierno a Juana pero con la protección de Fernando, y dejaba claro que, bajo ningún concepto, ningún extranjero tendría derecho a gozar de privilegios o rentas de bienes civiles y religiosos ni tendría acceso a altos cargos. Ítem más, su última voluntad, leída en las Cortes de Toro, era que si Juana fuera incapaz de asumir el poder de Castilla, Fernando, "y nadie más", tomara la regencia. El nombre de Felipe ni se mencionaba. Allí mismo, Fernando, para afirmar su posición, leyó el alarmante informe que Martín de Moxica, el secretario que había enviado con Juana, le mandaba.

Al conocer los hechos en Flandes, Felipe montó en cólera por lo que consideraba una traición y es sabido que maltrató, literalmente, a Juana, sumisa nuevamente, que quiso vengarse de su padre (o la exigieron vengarse) y escribió a las ciudades diciendo que le habían usurpado su derecho al trono y divulgado detalles de su vida privada que a nadie le correspondía conocer.

En fin, sumisa con Felipe y furiosa contra él, violentada y rebelde. Enojada con su padre pero afectuosa con él. Lo cierto era que permanecía en Flandes y lejos de Felipe, con quien realmente ya no se reconcilió realmente nunca. Tenía apenas un cuarto de siglo y ya sabía que su estado era como el de una viuda, vedados los placeres del amor.

Cuando partieron a Castilla por mar, Felipe llevaba cuarenta navíos con dos mil soldados. Ella se posicionó entonces decididamente a favor de su padre y éste, a su vez, sabía bien que ella era su verdadera baza. Todo un juego de poder en torno a una persona con personalidad inestable y desvalida.

Fernando los esperó en Vizcaya pero Felipe se dirigió a La Coruña, donde fueron recibidos por algunos nobles afectos a la causa de Felipe, ya no la de Juana, que se niega a participar en los festejos populares. Antes el desplante, el Rey envió a Cisneros a entrevistarse con Felipe, pero fue informado de que sólo aceptaba hablar de que Fernando regresara a Aragón y ni siquiera le dejó ver a Juana, apartada del escenaria y recluida voluntariamente.

Cuando el séquito se puso en marcha hacia Burgos por tierras de los nobles afectos, Fernando aguardó en el camino hasta toparse. Lo extraordinario es que Felipe se aprestaba a la batalla y el Rey, inopinadamente, demandó una entrevista en descampado para comunicar que aceptaba marcharse a Aragón sin interponerse por Castilla, León y Granada. En realidad, maquiavelicamente, se anticipaba a que los nobles contrarios pedirían pronto a Felipe recompensa y que éste no podría dársela porque había prometido y comprometido ya prebendas a sus compatriotas flamencos.

Sin ambages, deciden sobre Juana en su audencia. Felipe le informó de que no estaba cuerda, de que se mostraba violenta e irritable y, en fin, de que no deseaba gobernar y ponía todo el poder en sus manos. Fernando, sagaz y ladino, le propuso que buscara para ella una residencia digna, tranquila y alejada.

El acuerdo parecía atado y bien atado, pero entonces se produjo otro hecho inopinado, en Burgos alojados, tras venir Felipe de una cacería y jugar un partido de pelota, se sintió indispuesto. Por su cuerpo, rápidamente, se extendieron manchas de un rojo violeta y le acometió una colosal diarrea, de modo que al poco murió en la Casa del Cordón.

¿De muerte natural? ¿Envenenado? Y caso de serlo, ¿por orden de quién? ¿De Fernando? ¿De los nobles no afines? En un pasado no lejano cercano, Enrique IV murió también en circunstancias extrañas en Madrid. ¿Por orden de quién? ¿De Isabel? ¿De los nobles no afines?

¿Y si hubiera sido por inducción de Juana? Con su muerte, el hombre que había amado, el que la había humillado por sus ansias de poder y la había aniquilado por ello, era, por fin, suyo y solo suyo.

Las crónicas hablan de cómo Juana entonces dejó de comer, se tendía en el suelo para dormir y no quería trato con nadie hasta que llegara su padre.

Durante un tiempo, los restos de Felipe reposaron en la cartuja de Miraflores hasta que pudiese trasladarlos a Granada, donde fue feliz de niña, para que permanecieran siempre junto a ella. Entonces comenzó el peregrinaje del féretro por Castilla que la literatura y el cine han popularizado, pero que no fue tan prolijo como se nos ha transmitido, o al menos eso me parece a mí.

La cuestión es que el cortejo mortuorio fue a parar a Tordesillas y allí se detuvo para siempre en el convento de Santa Clara, de donde ella ya no saldría nunca en su dilatada vida.

Lo que vino después fue la muerte de su padre y la traición de su hijo Carlos, que mantuvo su reclusión para reinar él. De la rebelión a la apatía, la reina se abandonó. Luego vinieron los adalides de las Comunidades con Padilla al frente y la requirieron como reina pidiéndola que aceptara su protección, pero ella ya era una sombra y tenía la certeza de que todos la engañan y la utilizaban para conseguir sus ambiciones.

Reinar le disgustaba y reinar no reinaría. Quizás sólo deseaba salir de Tordesillas e ir con Felipe a Granada. Quizás sólo había deseado toda su vida que la dejaran en paz.

Y así se sucedieron los días y los años, hasta el 12 de abril, Viernes Santo, de 1555.

Jesús Muñoz Romero.

Retrato de Juana I de Castilla, por Juan de Flandes (Museo de Historia del Arte, Viena). En la otra página, *Doña Juana "la Loca"* (1877), por Francisco Pradilla (Museo del Prado, Madrid).

REINA SIN CORONA
Drama en tres actos

Personaje (por orden de intervención):

- JUANA
- MENCÍA
- CATALINA
- FRANCISCA
- CARLOS

CUADRO PRIMERO

[Escena 1.ª]

Habitación de la cárcel palacio de Tordesillas. Interior austero. Puerta situada a la izquierda que comunica con un largo pasillo. En el centro del muro, una pequeña ventana deja penetrar en la cámara, a través de una celosía agarena, los tímidos rayos de sol del ocaso. Junto a la ventana, una mesa en la que arde un candelabro de cinco brazos y dos butacas, una de terciopelo rojo. Parte del muro se viste con un tapiz que protege del frío y en el que aparece una escena mitológica de amor.

Al levantarse el telón, la reina Juana I de Castilla, de riguroso luto vestida, se encuentra sentada en el sillón de terciopelo rojo leyendo absorta un libro que sostiene en sus manos. Se abre la puerta y entra doña Mencía, dama de la reina y servidora fiel. Trae una bandeja con unas piezas de fruta y un dulce. Doña Juana no se percata de la llegada de doña Mencía. Continúa atenta a su lectura.

MENCÍA: (*Deposita la bandeja sobre la mesa*).
Majestad, debe alimentarse para seguir viviendo. Su hijo está muy preocupado por su salud.
JUANA: (*Sin dejar de leer*).
¿Mi hijo? ¡No me hagáis reír! Mi hijo ha contratado al mejor y más cruel carcelero para controlar los movimientos de esta infeliz mujer que es la reina de Castilla. ¡Esa es la preocupación de mi hijo!

(*Deposita el libro sobre la mesa al lado de la bandeja y se pone en pie. Con tono solemne y regio*).

¡Soy la reina de Castilla! ¿Me habéis oído bien?

(*Mencía se inclina ante ella y guarda silencio hasta que Juana le ordena ponerse de nuevo erguida. La reina vuelve a sentarse en su butaca y abre el libro en la misma página por donde lo había cerrado. Mencía guarda silencio. Juana la llama a su lado y le ordena sentarse en la silla junto a ella*).

¡Mira, Mencía, ésta es la flora de mis tierras de ultramar! Muy pronto la cultivaremos en nuestra Castilla. Unos pueblos deben aprender de otros. En el intercambio de culturas se encuentra la base del progreso.

MENCÍA: (*Mencía escucha a la reina. No entiende nada de su discurso. Es una mujer sencilla y tradicional. Lleva con Juana desde la infancia de ésta. Mientras la reina pasa las hojas del libro, ella observa con interés*).

Su majestad desde muy niña se ha interesado por todo: por la música, la danza, las lenguas, el arte, la geografía, las costumbres de su pueblo, bien lo sé, y ese afán por conocer y por exigir argumentos sólidos a sus dudas le han proporcionado en numerosas ocasiones enormes disgustos. Y he sido testigo de ello.

JUANA: Nunca he aceptado un monosílabo por respuesta. Todo tiene una explicación, Mencía. ¿Se acuerda de aquella tarde en el palacio de Granada cuando me llamó mi madre para hablar conmigo sobre la discusión que había tenido con mi confesor?

(*Se dispone a relatar en plan teatral el episodio*).

Entré en su aposento. Ella leía el evangelio de San Juan como acostumbraba. Dejó la lectura y me dijo:

(*Engolando la voz para parecerse a su madre*):

"Acércate, Juana. Debemos tratar un asunto muy serio las dos. Me ha comentado el padre Francisco...". Y yo la interrumpí: "Ya supongo lo que le ha comentado fray Francisco. Insiste, cada vez que hablamos, en reprobar mi defensa del pueblo judío porque le argumento que fue un inmenso error expulsarlos de nuestras tierras". Entonces, mi madre me cortó de manera tajante:

(*Vuelve a engolar la voz*):

"Esa decisión se tomó de común acuerdo entre tu padre y yo, y contamos con el beneplácito y la anuencia de Nuestra Santa Madre Iglesia. En nuestros reinos no puede haber más religión que la única y verdadera dirigida desde Roma con mano sabia por nuestro bien Amado y Santo Padre Alejandro. Además, todo el pueblo judío es culpable de crucificar a Nuestro Señor".

(*Juana se detiene un momento antes de continuar. Mencía la escucha con mucha atención, aunque conoce perfectamente el episodio porque ya se lo había relatado otras veces*).

No me callé, Mencía, continué exponiéndole mi parecer, le dije: "Señora, con todo el respeto debido, ¿cómo podéis afirmar que el pueblo judío, que es nuestro hermano mayor en la fe, es responsable de un acontecimiento que sucedió en Palestina en la época del emperador Tiberio, y que fueron, por tanto, los romanos los ejecutores del crimen, pues aquel territorio formaba parte de su imperio y estaba bajo sus mismas leyes? ¿Acaso no perdonó Cristo en la cruz a todos sus enemigos y nos dio un nuevo mandamiento que decía: *Amaos unos a otros como yo os he amado*? Madre, fray Francisco nunca responde a mis dudas, sólo sabe imponer unas normas rígidas establecidas por los hombres a través de los siglos y puestas con mala fe en boca de Dios, cuando Éste, lo único que desea es que sus hijos sean felices y además los acepta como son". ¿Y sabe lo que pasó después, doña Mencía?

(*Mencía hace un gesto de ignorancia*).

Pues que mi señora madre ya no aguantó más y me dijo:

(*Cambia de nuevo el tono de voz*):

"¡Eres una insolente! No quiero oír más blasfemias ni más explicaciones de tus labios que están dirigidos por Satanás. ¡Tienes los genes de tu abuela! ¡Vete a tu aposento y allí permanecerás hasta que yo decida lo contrario!",

(*Juana hace una pausa más larga y vuelve al libro. Con el dedo señala en él una planta para que se fije doña Mencía, ya que con el discurso se había dispersado*).

Doña Mencía, observe el matico. Sus flores son de color amarillo intenso y en infusión sirven para curar las heridas, detienen las hemorragias y aceleran la cicatrización.

(*En ese mismo momento Juana se da cuenta de que Mencía está ensimismada en sus pensamientos*)

¡Mencía!¡Mencía! ¡Estáis como ausente! ¿No os interesa el mundo vegetal y la ayuda que presta a los hombres? Mirad, el universo se encuentra en las páginas de los libros y en nuestras mentes. Estos fríos muros que contempláis (*y señala la pared*) son sólo un decorado ilusorio. La vida y el amor que la hace posible está en nosotros mismos y eso nos hace libres.
MENCÍA: (*Asiente con la cabeza y sonríe a su señora, aunque no la entiende*).

Majestad, ya es muy tarde y hay que descansar.

(*Ya se había hecho de noche. La luz de las velas iluminaba como espectros sus rostros*)

¿No va a tomar nada? Se lo he preparado con todo mi esmero. (*Señalando la bandeja*).

JUANA: No se lo voy a despreciar. Acérqueme una fruta, pero después retire el servicio y vaya usted también a reposar, que mañana tenemos que bajar a Santa Clara para conversar con mi amado Felipe.

(*Mencía le acerca una fruta en un plato con un cubierto. Toma después en sus manos la bandeja y se aleja haciendo una reverencia. Sale de escena*).
(*Se hace oscuro*).

[Escena 2.ª]

Capilla funeraria en el convento de Santa Clara. Recinto que invita al recogimiento. En el lateral izquierdo, haciendo chaflán, un tríptico sobre el altar coronado por un Cristo crucificado. Frente al altar, en el lado opuesto, una serie de bancos. En el primero se encuentran arrodilladas tres damas: doña Mencía con un rosario entre las manos, doña Juana de luto y con el rostro cubierto con un velo negro y su hija menor, Catalina. Dos bancos más atrás vigila doña Francisca Enríquez, esposa del marqués de Denia. En un nicho en el muro central de la capilla se encuentra el féretro de Felipe I El Hermoso iluminado con seis enormes cirios. Al levantarse el telón, doña Mencía comienza un Padrenuestro, que continúan las tres damas.

MENCÍA: *Pater noster qui es in caelis...*
JUANA, CATALINA Y FRANCISCA: *Sanctificetur nomen tuum, adveniat regnum tuum...*

(Van bajando la voz rezando casi en un murmullo hasta repetir juntas Amén*).*

JUANA: *Requiem aeternam dona ei Domine, et lux perpetua luceat ei.*
MENCÍA, CATALINA Y FRANCISCA: Amén.

(Concluida la oración, las cuatro damas se levantan del reclinatorio).

JUANA: (*A doña Mencía y a doña Francisca*):
Echad un óbolo en el cepillo y encended una vela por el eterno descanso de mi amado esposo.

(Se dirigen hacia la derecha y ambas desaparecen por el fondo. Cuando se quedan solas madre e hija, se sientan en el banco).

CATALINA: (*A solas con su madre*).

Majestad, cada vez que venimos a orar ante la tumba de mi amado padre, noto que queréis sinceraros conmigo, pero no lo conseguís, porque cuantas veces os pregunto por él, otras tantas me contestáis con evasivas, o simplemente no me respondéis.

JUANA: Necesito sacar de mi alma toda la angustia que me lleva atenazando desde hace años y nadie mejor que vos, Catalina, que nacisteis después de la muerte de Felipe y que sois la única que me consuela y acompaña en este forzado cautiverio, puede comprender mi agonía y mis dilatados silencios.

(*Catalina acaricia con amor las manos de su madre*).

CATALINA: Majestad, ¿os acordáis de cuando Carlos me sacó de Tordesillas para llevarme a la corte con él y con Leonor? Pensaron que yo sería feliz allí con ellos, pero echaba de menos vuestras caricias, las historias que me contabais cuando iba a dormir, las pavanas interpretadas por vuestra majestad en el realejo de vuestra cámara.

JUANA: (*Secándose dos furtivas lágrimas*).

Y yo no podía estar sin vos y gritaba con rabia a esta malvada doña Francisca, que sustraía vuestros trajes para ponérselos a su hija y nos encerraba cuando venían visitas como si fuésemos apestadas. Le gritaba sin parar: "¡Devuélveme a mi niña! ¡Me has robado a mi niña! ¡Soy la reina y te ordeno que me la traigas inmediatamente!". Yo sabía que mis gritos llegarían hasta vuestros oídos y que volveríais junto a mí. ¡No puedo vivir sin vos! ¡Sois mi ruiseñor, mi azucena en esta jaula donde me encerró vuestro abuelo! ¡Sois el ancla que me sujeta a la vida!

(*Juana acaricia el rostro de su hija*).

CATALINA:

¡Señora, cuénteme cómo era mi padre! ¡Siempre me dijo que habían sido muy felices!

JUANA: (*Un tenso y largo silencio se apodera de la estancia. Juana no contesta. Después levanta la barbilla de Catalina y ambas se miran a los ojos*).

¡Os he mentido! ¡Os mentí cada vez que lo preguntabais!

CATALINA: (*Atropellando las preguntas*).

¿Por qué, señora? ¿Nunca fue feliz? ¿Cuándo murió el rey y cuál fue su enfermedad?

JUANA: Al principio fui feliz, Catalina. Yo era una niña tierna y curiosa en una corte extraña y muy diferente a la nuestra. Traté de adaptarme a la nueva situación en muy poco tiempo y lo logré con la ayuda de vuestra tía Margarita especialmente, que además se encargaría de cuidar a vuestros hermanos cuando regresé a Castilla tras la muerte de vuestra abuela Isabel.

(*Corta pausa*)

Vuestro padre era un hombre muy apuesto, galante, fuerte, pero al mismo tiempo embaucador. Sabía decir al oído palabras regaladas y todas las damas se rendían a sus encantos. Yo no podía soportarlo. Ése fue su mal y el mío.

CATALINA: (*Con asombro*).

¿Os engañaba, majestad? ¿Tenía una amante?

JUANA: Tuvo muchas amantes, hija mía, en Flandes y también aquí en Castilla, pero yo siempre lo amé y lo sigo amando.

CATALINA: ¿Y él? ¿Os amó alguna vez?

JUANA: Quiero pensar que sí.

(*Dudando*).

O no, no estoy segura. Tan sólo deseo que el día en que vos encontréis un esposo, éste os ame y os trate como merecéis. Las mujeres, según los varones, sólo servimos para darles placer y si somos reinas, como es el caso, para engendrar un vástago que perpetúe su linaje en el trono.

CATALINA: ¡Yo no me quiero casar, señora! ¡Quiero estar con vuestra majestad toda mi vida!

JUANA: (*Acariciando el pelo de Catalina con amor*).

Vuestra madre nunca fue una mujer al uso. Desde muy joven me he cuestionado todo lo que me rodea y también en lo concerniente al amor. Escuchad lo que voy a deciros y no lo olvidéis nunca. La pasión es una contienda perdida, puedes ganar varias batallas, pero al final triunfan los celos y éstos destruyen el amor. La pasión es la hija de la luna, varía y muda constantemente, sin embargo, el amor es el retoño del sol, ilumina nuestra vida y da calor al alma. La pasión pasa, el amor permanece, aunque sea en el recuerdo, y de esta forma nos ayuda a seguir caminando tras la decepción y la tragedia.

(Su rostro se torna sombrío con el recuerdo. Mira con devoción al Cristo del retablo).

CATALINA: *(Tras observar a su madre unos instantes retoma el diálogo).*
¿Entonces el rey murió víctima de sus excesos?
JUANA:
No lo sé, Catalina. Vuestro padre desaparecía días enteros de la corte y yo ardía de inquietud y de sospechas. No podía descansar. Me levantaba por las noches y pasaba horas pegada a la ventana esperando su regreso, mordida por la angustia y rígida de ira. Un día lo trajeron muy enfermo entre varios cortesanos y me comunicaron que, tras esforzarse en el juego, se empezó a sentir mal y perdió la conciencia.
(Suspira profundamente).
Estuve a su lado cuidándolo, mimándolo, como se hace con un niño desvalido que pide ayuda con un gesto porque no sabe explicar el mal que le aqueja. Y poco a poco la vida le fue abandonando, escapándose de su cuerpo como desaparece el agua por las rendijas de la tierra.

(Catalina observa cómo el rostro de su madre se cubre de lágrimas con el relato. La abraza fuertemente. Le seca el llanto con sus manos y la besa en la frente. Ambas se levantan del banco y se dirigen a la puerta de la capilla para regresar al palacio. A medida que avanzan hacia la derecha la luz va descendiendo. Suena un motete).

CUADRO SEGUNDO

Al levantarse el telón aparece como en el primer acto la cámara de la reina en el palacio-prisión de Tordesillas. Doña Mencía y doña Juana se encuentran cerca de la ventana, por donde penetra la luz del sol, sentadas en sus butacas. Están bordando en sendos bastidores. Doña Juana borda las alas de un jilguero que observa resbalar una gota de rocío por el pétalo de una rosa. Doña Mencía borda una escena de caza. La reina va vestida de luto riguroso. Doña Francisca interrumpe su tarea al penetrar por la puerta de la estancia.

FRANCISCA: Señora, anoche llegó un mensajero de la corte para haceros saber que al mediodía llegará para almorzar con vuestra majestad vuestro hijo, el emperador.

JUANA: (*Retomando su labor. Con frialdad a Francisca*). Gracias. Puede retirarse.

MENCÍA: ¡Majestad, no se alegra de la visita del rey, vuestro hijo?

JUANA: ¿He de alegrarme, doña Mencía? Sólo se dignó acercarse a esta prisión cuando llegó a Castilla para que bendijese su persona y legitimase su ocupación del trono. Ya sabéis que para los castellanos es un extranjero. No hablaba siquiera la lengua de sus súbditos y, además, traía toda una cohorte de fieles vasallos de Flandes, incluido Adriano de Utrech, para copar todos los puestos de la administración de su nuevo reino.

MENCÍA: ¡Pero, majestad, a pesar de todo es vuestro hijo!

JUANA: (*Con determinación*)
Con demasiada frecuencia te aman más y te respetan como es debido tus amigos y servidores que personas de tu propia

35

familia. No se confunda, doña Mencía, la sangre no es sinónimo de lealtad ni de cariño.

(*Deja de bordar y mira con ternura a Mencía*).

¿Acaso no sois vos más mía que mi propio hijo? Lleváis conmigo toda mi vida y, a pesar de nuestros momentáneos enojos, siempre acabamos perdonándonos y continuamos una al lado de la otra apoyándonos en nuestra soledad. La riña y la discusión forman parte del amor.

(*Mencía sonríe a la reina*).

No puede haber controversia con alguien que nunca está, ni siquiera cuando más se le necesita.

(*Juana toma la mano de su dama entre las suyas y a continuación le acaricia el rostro. Doña Mencía deja la labor, se levanta de la silla y cae de rodillas emocionada ante su reina*).

¡Levantaos, doña Mencía, por mi alma!

MENCÍA: ¡Sólo vos sois mi reina y señora! ¡Doña Juana I, soberana de Castilla y allende los mares!

(*Con profunda emoción*).

JUANA: (*Se levanta de su butaca y aúpa con sus manos a Mencía del suelo*).

¿Os estáis escuchando, Mencía? Vos sois la voz de mi pueblo que proclama entre estos lóbregos muros la legitimidad del trono de mi madre. Pero, ¿quién me ha condenado a esta gélida noche, a este destierro perpetuo en esta prisión de mi adorada tierra, y por qué motivo?

(*Mencía no contesta, aunque conoce la razón. Pausa*).

Recoged la costura. Esta tarde continuaremos.

(*Mencía recoge los bastidores y sale de la habitación. Juana toma el libro que está sobre la mesa y se sienta en su butaca a leer. Al cabo de unos instantes, la puerta de la cámara se entreabre. Doña Francisca deja paso a Carlos. Cuando entra el rey, ella cierra la puerta y desaparece*).

CARLOS: (*Acercándose a su madre. Juana le tiende la mano y él se la besa*).

Majestad, ¿cómo os encontráis?

JUANA: (*Con ironía*).

¿Cómo queréis que os responda?

CARLOS: Pues con sinceridad. Soy vuestro hijo. Sólo deseo vuestra salud y vuestro bienestar. Me podéis contar todo lo que os preocupa.

JUANA: (*Con una señal le invita a sentarse en una butaca*).

De salud estoy francamente bien, gracias a Dios. Ya sabéis que soy una mujer fuerte, pero me encuentro maltratada y vejada constantemente por esa pareja de carceleros que me habéis colocado y que no cejan de humillarme, porque vos les habéis otorgado una total autoridad sobre mi persona para recordarme día tras día que el rey sois vos y que yo sólo soy una pobre mujer que vive ajena a este mundo y olvidada de todos.

CARLOS: (*En un acto de amabilidad acerca su butaca a la de su madre para quedar ambos cara a cara*).

¡No digáis eso! Los marqueses de Denia están aquí para serviros y para evitar que nadie os haga daño.

JUANA: (*Con determinación urge a su hijo a que le cuente la verdadera causa de su visita*).

¿Queréis al fondo de la cuestión? ¡Con todas vuestras múltiples ocupaciones no os habéis desplazado hasta esta prisión para hablarme de las bondades de los marqueses ni para interesaros por mi salud! ¿Estoy en lo cierto?

CARLOS: (*Tomándose un respiro para después soltar el golpe que había preparado a su madre*).

¡Majestad, Catalina ya está en edad de merecer!

JUANA: (*Se revuelve en su asiento y grita con autoridad a su hijo*).

¡No me la vais a volver a quitar! ¿Me oís? Ya os la llevasteis una vez a la corte y me dejasteis desamparada. ¡Mi niña es la única alegría que me queda y no voy a permitir que os la llevéis!

CARLOS: (*Intenta tranquilizar a su madre*).

Majestad, Catalina no puede estar aquí con vos toda la vida. Necesita formar una familia, tener espacio propio.

JUANA: ¿Eso os lo ha dicho ella o sois vos quien ha tramado ya su enlace sin contar con nosotras?

CARLOS: No necesito contar con Catalina para este menester. Soy el rey y además su hermano mayor, y el reino la necesita para una elevada misión.

JUANA: ¿Ya habéis decidido quién será su esposo?

CARLOS: Por supuesto, mi cuñado Juan de Portugal.

JUANA: Vos pensáis, por lo que colijo, hacer con vuestros hermanos lo que vuestro abuelo hizo con nosotros.

(*Con rabia*).

¡Peones al servicio de su ambición!

CARLOS: (*Decidido y sin más contemplaciones*).

¡Tenemos que mantener una dinastía y engrandecer nuestros territorios! ¡Nosotros no somos una familia, majestad, pertenecemos a la Historia!

JUANA: (*Levantándose de su butaca y mirándole con autoridad a los ojos*).

¡Os equivocáis nuevamente! ¡Yo pude firmar documentos revocando vuestra autoridad y no lo hice porque sois mi hijo! Yo soy ante todo una mujer que ama y que siente. ¡No lo olvidéis nunca! Vuestra hermana es mi hija menor y no consentiré que sirva a vuestro capricho de convertiros también en rey de Portugal.

(*Con la mano levantada señalando a Carlos el camino de salida*).

¡Y ahora marchaos de mi palacio! Y si vais a volver a hundirme más en mi desdicha, ¡mejor que lo penséis antes de dar ese paso!

(*Da la espalda a Carlos*).

CARLOS: (*Se levanta de la butaca y sin despedirse de su madre se dirige a la salida. Desde la puerta con voz potente y firme*)

¡Catalina se casará con Juan!

CUADRO TERCERO

Misma habitación. Cuando se abre el telón, Juana está sentada frente al realejo, situado en el ángulo derecho de la escena. Toca con gran sensibilidad una melodiosa canzona. *Catalina está sentada en el suelo escuchando tocar a su madre. Una enorme melancolía la invade ante su incierto destino. Cuando termina la interpretación, toda la estancia se encuentra en silencio y en paz. Juana en esta ocasión había interpretado con más emoción que nunca porque estaba presente su niña pequeña y todo en el ambiente destilaba una despedida definitiva. Catalina se levanta del suelo y se acerca a su madre. La abraza.*

CATALINA: ¡Señora, qué bien tocáis! ¡Estaría toda mi vida junto a vos!

JUANA: (*Se levanta del realejo y coge entre las suyas las manos de Catalina*).

¡No me digáis eso, Catalina, que se me rompe el alma!

(*Ambas se sitúan en el centro de la escena*).

CATALINA: (*Sin mucho convencimiento*).

Ya sabéis que debo cumplir con mis obligaciones políticas. Es una imposición del emperador. Deseo poder llegar a amar a mi esposo como vos amasteis a mi padre. De vuestra majestad he aprendido muchas cosas, pero la más importante es el amor.

(*Juana sigue escuchando en silencio a su hija con una mirada triste, pues aquel alegato era una clara despedida*).

Vos me habéis enseñado a amar lo más grande y lo más pequeño. Me habéis mostrado el amor que se encuentra en una caricia, en un beso, en un amanecer, en una sonrisa, en una furtiva lágrima, en un indefenso gorrión, en un abrazo, en una frágil mariposa, en una efímera rosa, en un siervo fiel.

(*Mirando a su madre con profunda admiración y emoción*).

Me habéis educado para amar al diferente, al enemigo, porque vos habéis perdonado a los que os han hecho sufrir tanto, y por eso sois una mujer gigante.

JUANA: (*Poseída ella también por una profunda emoción ante esas palabras de su hija, la abraza con fuerza y le da un beso en la mejilla*).

¡Catalina, escuchadme por última vez!

(*Una pausa para respirar hondo*).

Amad con fuerza, con tesón. Poned el corazón en todas vuestras acciones. Sed siempre vos misma. No permitáis que nadie os doblegue como a una espiga. Defended vuestras convicciones y no os dejéis nunca dominar por mano alguna. Y con vuestros súbditos sed generosa, paciente, justa y valiente. Comportaos con la grandeza de una mujer, porque en vos todas las mujeres de vuestro reino se verán reflejadas y representadas.

CATALINA: ¡Madre, os amo más que a nada en el mundo!

(*Juana sonríe al oír la palabra madre. Se funde en un último abrazo con Catalina. La escena se queda a oscuras*).

[Epílogo]

Al iluminarse la escena, Juana se encuentra en su sillón de terciopelo rojo con un libro entre las manos. El candelabro disipa las tinieblas de la estancia. Hace más de una hora que el sol se ha ocultado. Se oye llamar a la puerta. Entra doña Mencía.

MENCÍA: (*Con una bandeja en la que hay unas piezas de fruta y un dulce*).
¿Permite su majestad?
(*Pausa. Se acerca a la mesa para depositar la bandeja*).
Señora, os traigo un poco de fruta y un dulce. Ya podéis dejar la lectura, si lo deseáis, porque hace tiempo que oscureció.
JUANA: (*Sin levantar la vista del libro contesta a Mencía*).
Doña Mencía, ya sabéis que la lectura me alimenta y reconforta mucho más que los productos que me traéis.
MENCÍA: Lo sé, majestad, pero esta misma conversación la mantenemos todas las noches.
JUANA: (*Deja el libro sobre la mesa y mira a doña Mencía*).
¡Está bien! ¡Como gustéis! Tomaré una fruta e inmediatamente me iré a la cama. Recordad que mañana, en cuanto amanezca, vamos a Santa Clara a ver a mi Felipe.
MENCÍA: (*Hace una reverencia y se aleja. Desde la puerta a Juana*).
¡Majestad, mi señora, que tengáis buena noche! Hasta mañana.
JUANA: Descansad vos también, doña Mencía. Hasta mañana.

(*Se escuchan las notas de la canzona con la que se inició el acto, mientras cae lentamente el telón*).

TELÓN

La reina doña Juana la Loca, recluida en Tordesillas con su hija, la infanta doña Catalina, por Francisco Pradilla, 1906.

ÍNDICE

Ledoria, dessaforado amor por la palabra